Het opzetten van je eigen VPN: Een stap-voor-stap handleiding

ISBN 979-8869091239

Inhoud

1 Inleiding

1.1 Waarom zou je je eigen VPN opzetten?

In het digitale tijdperk van vandaag zijn online privacy en beveiliging steeds belangrijker geworden. Hackers en andere kwaadwillende factoren zijn voortdurend op zoek naar manieren om persoonlijke informatie en gevoelige gegevens te stelen, waardoor het essentieel is om de nodige maatregelen te nemen, om onze online activiteiten te beschermen.

Een manier om je online privacy en veiligheid te verbeteren, is door je eigen virtueel privénetwerk (VPN) op te zetten. Dit kan een reeks voordelen bieden:

1. Meer privacy: door je eigen VPN op te zetten, kun je ervoor zorgen dat je internetverkeer gecodeerd is en verborgen voor nieuwsgierige blikken, zoals je internetprovider. Het gebruik van een VPN kan vooral handig zijn bij het gebruik van onbeveiligde wifi-netwerken, zoals die in cafés, op luchthavens of in hotelkamers. Het kan helpen om je online activiteiten en persoonlijke gegevens te beschermen tegen tracking, monitoring of onderschepping.

2. Grotere veiligheid: Openbare VPN-diensten kunnen kwetsbaar zijn voor hacks en datalekken, waardoor je persoonlijke informatie aan cybercriminelen kan worden

blootgesteld. Door je eigen VPN op te zetten, kun je meer controle hebben over de veiligheid van je verbinding en de gegevens die erover worden verzonden.

3. Toegang tot geografisch beperkte content: Sommige websites en onlinediensten zijn mogelijk beperkt in bepaalde regio's, maar door verbinding te maken met een VPN-server in een andere regio, kun je mogelijk toegang krijgen tot content die anders niet beschikbaar is.

4. Kosteneffectief: Hoewel er veel openbare VPN-services beschikbaar zijn, bieden de meeste daarvan een abonnement aan. Door je eigen VPN op te zetten, kun je deze kosten vermijden en meer controle hebben over je VPN-gebruik.

5. Flexibiliteit en maatwerk: Door je eigen VPN te maken, kunt je je VPN-ervaring aanpassen aan je specifieke behoeften. Je kunt het encryptieniveau kiezen dat je wilt gebruiken en de locatie van de server en het netwerkprotocol zoals TCP of UDP. Deze flexibiliteit kan je helpen je VPN te optimaliseren voor specifieke activiteiten zoals gamen, streamen of downloaden, wat zorgt voor een naadloze en veilige ervaring.

Over het algemeen kan het opzetten van je eigen VPN een effectieve manier zijn om online privacy en beveiliging te verbeteren en tegelijkertijd flexibiliteit en kosteneffectiviteit te bieden. Met de juiste middelen en begeleiding kan het een waardevolle investering zijn in je online beveiliging.

1.2 Over dit boek

Dit boek is een stap-voor-stap handleiding voor het opzetten van je eigen IPsec VPN, OpenVPN en WireGuard server. In Hoofdstuk 2 leer je hoe je een cloudserver maakt op providers zoals DigitalOcean, Vultr, Linode en OVH. Hoofdstuk 3 behandelt het verbinden met de server met behulp van SSH en het instellen van WireGuard, OpenVPN en IPsec VPN. Hoofdstuk 4 behandelt het instellen van VPN-clients op Windows, macOS, Android en iOS. In Hoofdstuk 5 leer je hoe je VPN-clients beheert.

IPsec VPN, OpenVPN en WireGuard zijn populaire en veelgebruikte VPN-protocollen. Internet Protocol Security (IPsec) is een beveiligde netwerkprotocolsuite. OpenVPN is een open-source, robuust en zeer flexibel VPN-protocol. WireGuard is een snelle en moderne VPN die is ontworpen met als doel gebruiksgemak en hoge prestaties.

2 Maak een cloudserver

Als eerste stap heb je een cloudserver of virtual private server (VPS) nodig om je eigen VPN op te zetten. Ter referentie, zijn hier enkele populaire serverproviders:

- DigitalOcean (https://www.digitalocean.com)
- Vultr (https://www.vultr.com)
- Linode (https://www.linode.com)
- OVH (https://www.ovhcloud.com/en/vps/)

Kies eerst een serverprovider. Raadpleeg vervolgens de voorbeeldstappen in dit hoofdstuk om te beginnen. Bij het opzetten van je server wordt aanbevolen om de nieuwste Ubuntu Linux LTS of Debian Linux (Ubuntu 24.04 of Debian 12 op het moment van schrijven) als besturingssysteem te selecteren, met 1 GB of meer geheugen.

Geavanceerde gebruikers kunnen de VPN-server instellen op een Raspberry Pi (https://www.raspberrypi.com). Meld je eerst aan op je Raspberry Pi en open Terminal, volg vervolgens de instructies in Hoofdstuk 3, VPN-server instellen, secties 3.2-3.5. Voordat je verbinding maakt, dien je mogelijk poort(en) op je router te linken naar het lokale IP-adres van de Raspberry Pi. Raadpleeg de standaardpoort(en) voor elk VPN-type in Hoofdstuk 3.

2.1 Maak een server op DigitalOcean

1. Meld je aan voor een DigitalOcean-account: Ga naar de DigitalOcean-website (https://www.digitalocean.com) en meld je aan voor een account als je dat nog niet hebt

gedaan.

2. Zodra je bent ingelogd op het DigitalOcean-dashboard, klik je op de knop 'Create' in de rechterbovenhoek van het scherm en selecteer je 'Droplets' in het vervolgkeuzemenu.

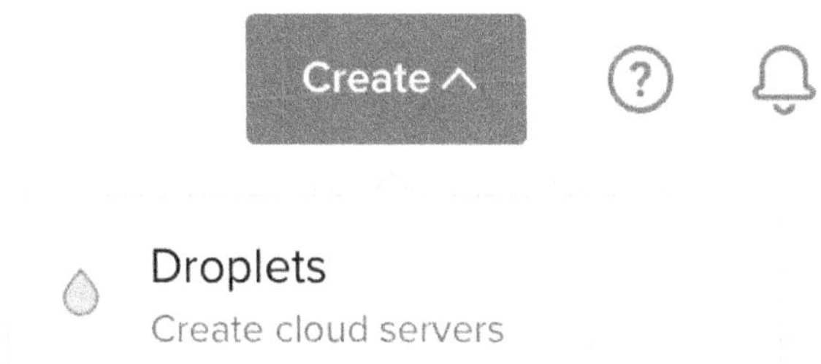

3. Selecteer een datacenterregio op basis van je vereisten, bijvoorbeeld het dichtst bij je locatie.

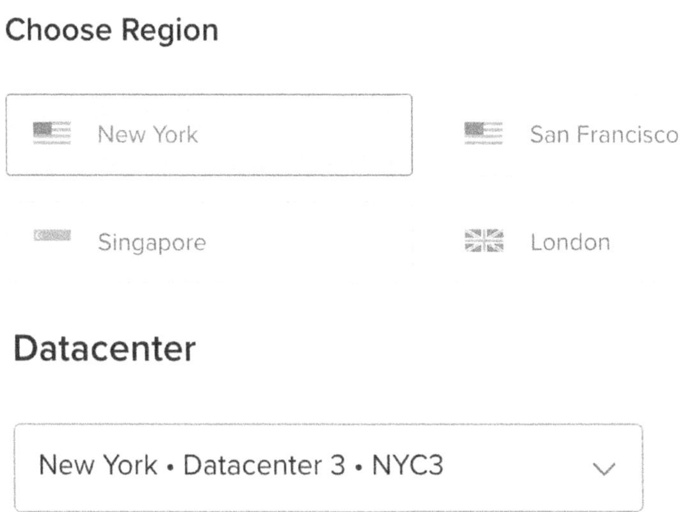

4. Selecteer onder "Choose an image" de nieuwste Ubuntu Linux LTS-versie (bijv. Ubuntu 24.04) uit de lijst met beschikbare afbeeldingen.

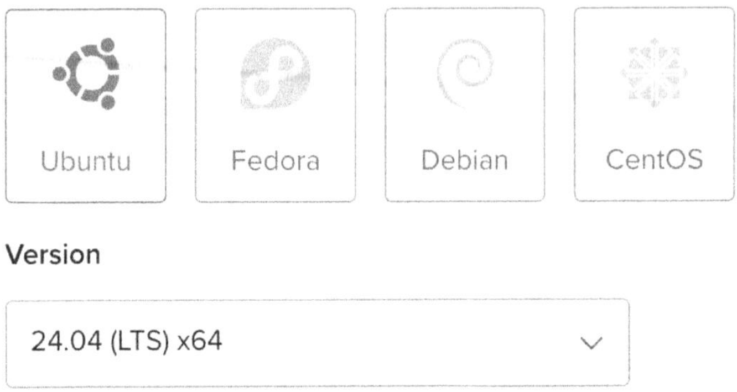

5. Kies een plan voor je server. Je kunt kiezen uit verschillende opties op basis van je behoeften. Voor een persoonlijke VPN is een basis gedeeld CPU-plan met een gewone SSD-schijf en 1 GB geheugen waarschijnlijk voldoende.

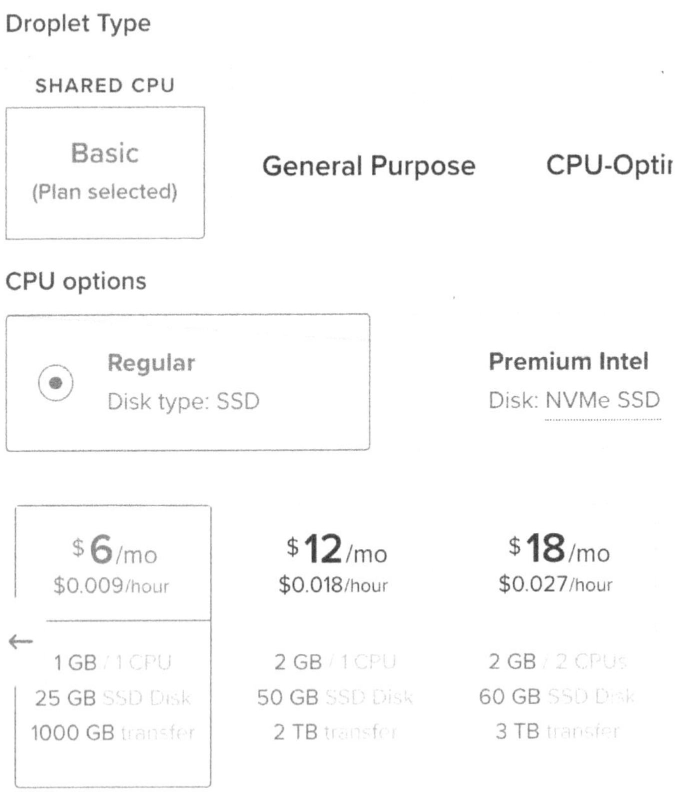

6. Selecteer "Password" als authenticatiemethode en voer vervolgens een sterk en veilig root-wachtwoord in. Voor de beveiliging van je server is het belangrijk dat je een sterk en veilig root-wachtwoord kiest. Je kunt ook SSH-sleutels gebruiken voor authenticatie.

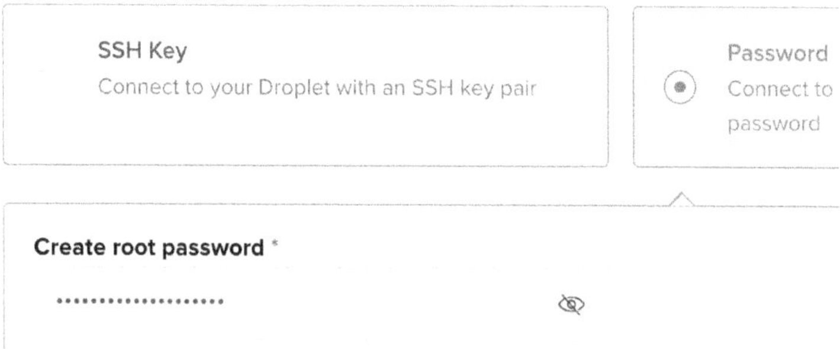

7. Selecteer indien gewenst extra opties, zoals back-ups en IPv6.

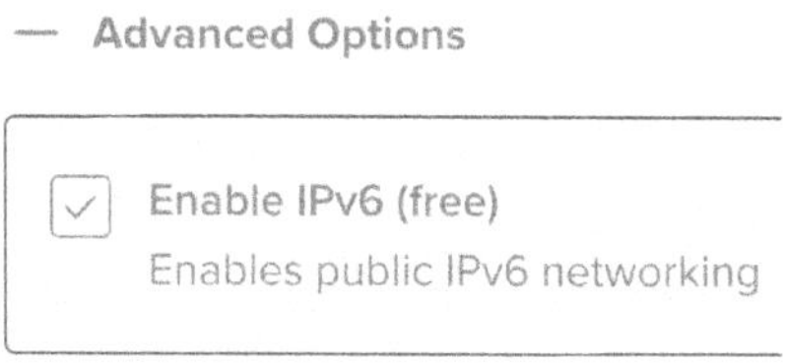

8. Voer een hostnaam in voor je server en klik op "Create Droplet".

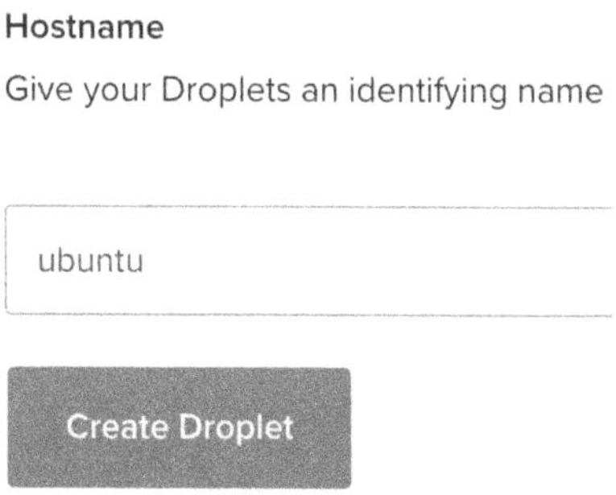

9. Wacht een paar minuten totdat de server is aangemaakt.

Zodra je server gereed is, kun je inloggen via SSH met de gebruikersnaam `root` en het wachtwoord dat je hebt ingevoerd bij het aanmaken van de server. Zie hoofdstuk 3 voor meer details.

2.2 Maak een server op Vultr

1. Maak een Vultr-account aan: Ga naar de Vultr-website (https://www.vultr.com) en maak een account aan als je dat nog niet hebt gedaan.

2. Zodra je bent ingelogd op het Vultr-dashboard, klik je op de knop 'Deploy' en selecteer je 'Deploy New Server'.

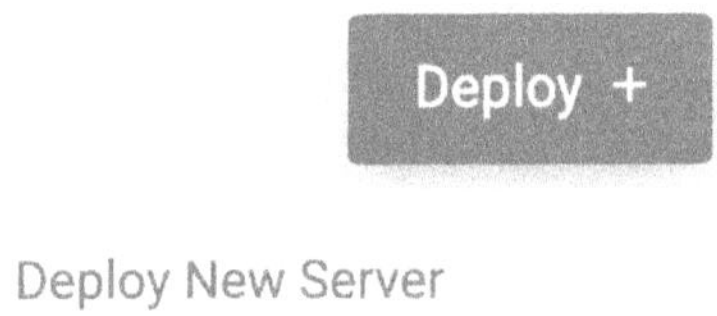

3. Kies een plan voor je server. Je kunt kiezen uit verschillende opties op basis van je behoeften. Voor een persoonlijke VPN is een cloud compute shared CPU-plan waarschijnlijk voldoende.

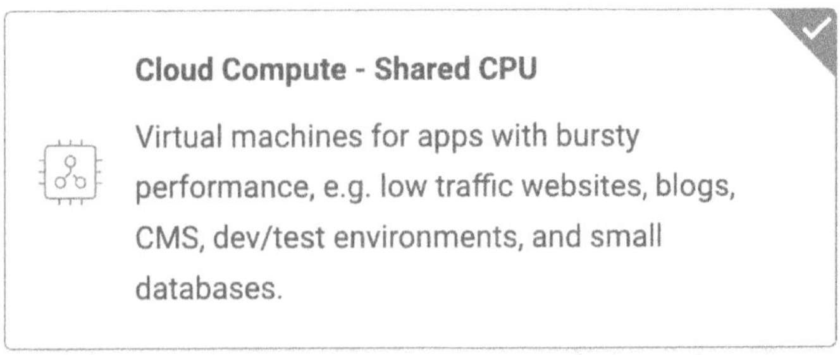

4. Kies een serverlocatie op basis van je vereisten, bijvoorbeeld het dichtst bij je eigen locatie.

5. Selecteer de nieuwste Ubuntu Linux LTS-versie (bijv. Ubuntu 24.04) als serverimage.

6. Selecteer de gewenste server grootte op basis van je behoeften. Voor een persoonlijke VPN is 1 GB geheugen waarschijnlijk voldoende.

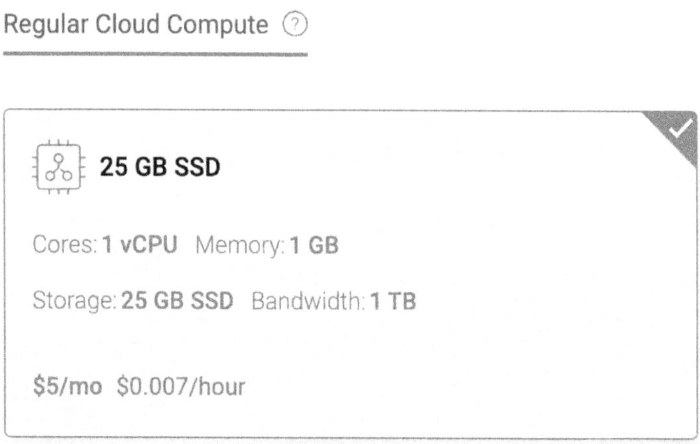

7. Kies eventuele aanvullende opties die je nodig hebt, zoals IPv6.

8. Voer een server hostnaam en label in.

9. Klik op "Deploy Now".

10. Wacht een paar minuten totdat de server is aangemaakt.

Zodra je server gereed is, kun je inloggen via SSH met de gebruikersnaam `root` en het wachtwoord dat je in het Vultr-configuratiescherm hebt opgegeven. Zie hoofdstuk 3 voor meer details.

2.3 Maak een server op Linode

1. Meld je aan voor een Linode-account: Ga naar de website van Akamai Linode (https://www.linode.com) en meld je aan voor een account als je dat nog niet hebt gedaan.

2. Zodra je bent ingelogd op het Akamai Linode-dashboard, klik je op de knop 'Create' in de linkerbovenhoek van het scherm en selecteer je 'Linode' in het vervolgkeuzemenu.

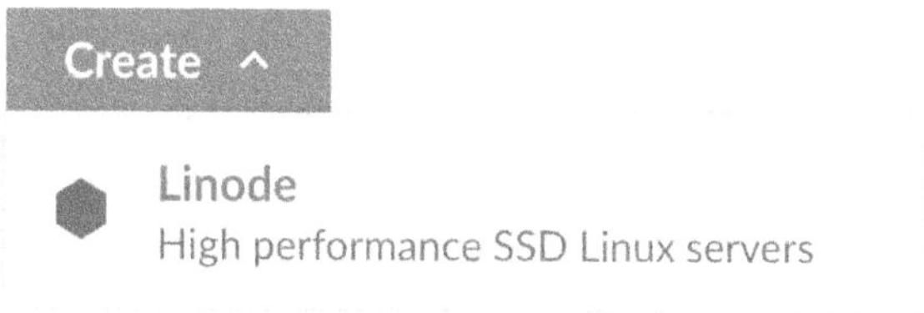

3. Selecteer de nieuwste Ubuntu Linux LTS-versie (bijv. Ubuntu 24.04) als serverimage.

4. Kies een regio waar je je server wil plaatsen en selecteer een plan op basis van je vereisten. Voor een persoonlijke VPN is een 1 GB gedeeld CPU-plan waarschijnlijk voldoende.

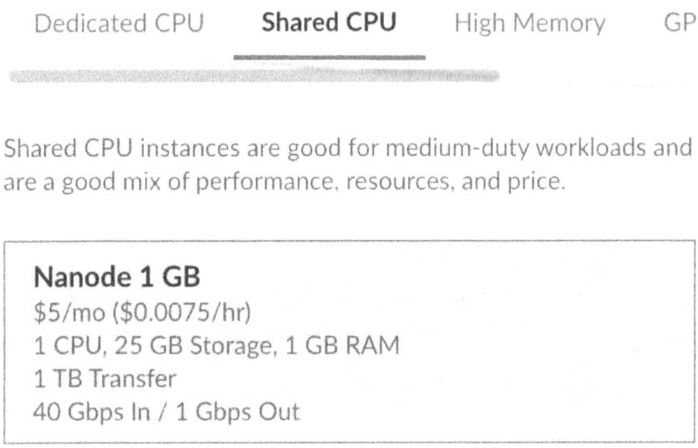

5. Voer een sterk en veilig root-wachtwoord in voor authenticatie. Voor de beveiliging van je server is het belangrijk dat je een sterk en veilig root-wachtwoord kiest. Daarnaast hebt je ook de optie om SSH-sleutels te gebruiken voor authenticatie.

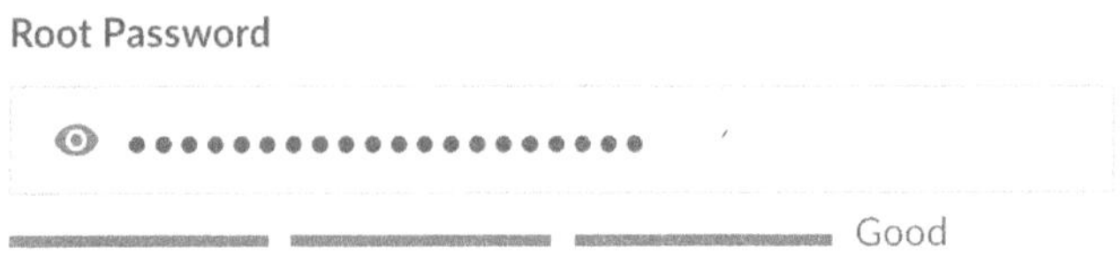

6. Selecteer eventuele aanvullende opties die je nodig hebt, zoals back-ups.

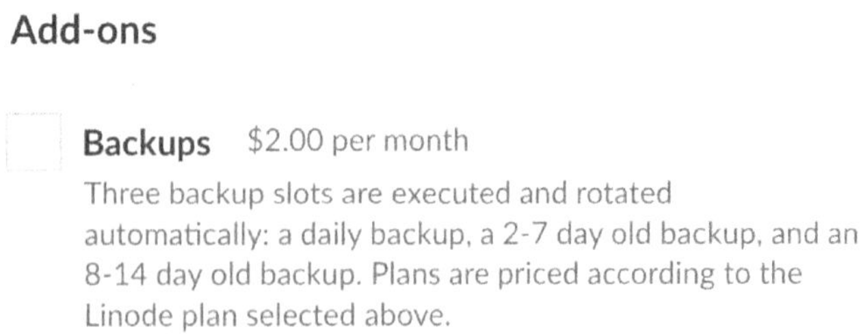

7. Klik op de knop "Create Linode".

8. Wacht een paar minuten totdat de server is aangemaakt.

Zodra je server gereed is, kun je inloggen via SSH met de gebruikersnaam `root` en het wachtwoord dat je hebt ingevoerd bij het aanmaken van de server. Zie hoofdstuk 3 voor meer details.

2.4 Maak een server op OVH

1. Ga naar de OVH VPS-website: https://www.ovhcloud.com/en/vps/
2. Kies een plan voor je server. Voor een persoonlijke VPN is een "starter" of "value" plan waarschijnlijk voldoende. Klik op de "Order now" knop naast het VPS plan dat je wilt gebruiken.

3. Selecteer 'Distribution only' en selecteer vervolgens de nieuwste versie van Ubuntu Linux LTS (bijv. Ubuntu 24.04) als besturingssysteem.

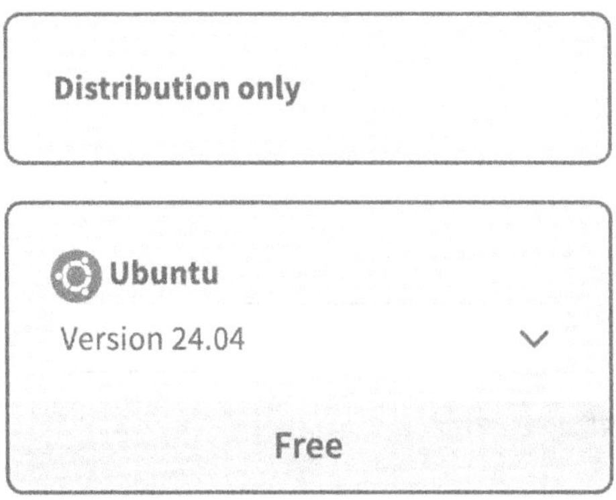

4. Kies de locatie van het datacenter waar je je server wilt plaatsen.

5. Selecteer eventuele aanvullende opties die je nodig hebt, zoals snapshots.

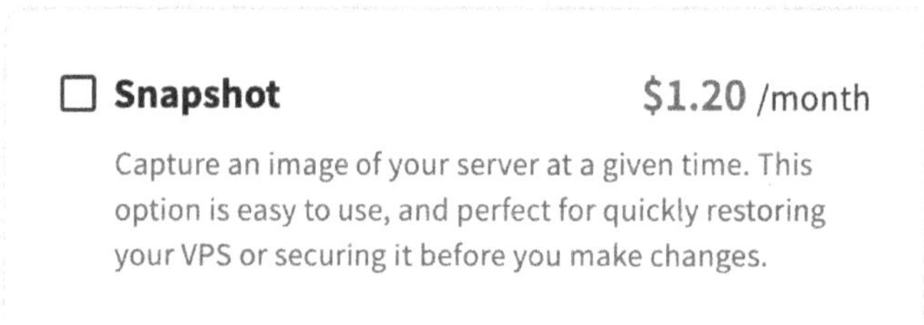

6. Controleer je bestelling en klik vervolgens op de knop 'Login and pay'.

7. Log in op je OVH-account of maak een nieuw account aan als je er nog geen heeft.

8. Bevestig je bestelling en voer de betaling uit.

9. Wacht tot je server is ingericht. Dit proces kan een paar minuten duren.

Zodra je server gereed is, kunt je inloggen via SSH met de gebruikersnaam `root` en het wachtwoord dat jeu in de e-mail van OVH hebt ontvangen. Zie hoofdstuk 3 voor meer details.

3 VPN-server instellen

Nadat je de cloudserver of virtuele privéserver (VPS) hebt aangemaakt, kun je de instructies volgen in dit hoofdstuk om verbinding te maken met je server via SSH, het besturingssysteem bij te werken en WireGuard, OpenVPN en/of IPsec VPN met IKEv2 te installeren.

3.1 Maak verbinding met de server via SSH

Zodra je cloudserver is aangemaakt, kun je er via SSH toegang toe krijgen. Je kunt de terminal op je lokale computer of een tool als Git voor Windows gebruiken om verbinding te maken met je server, dit kan met behulp van het IP-adres en je root-inloggegevens.

Volg de onderstaande stappen om verbinding te maken met je server via SSH vanaf Windows, macOS of Linux:

1. Open de terminal op je computer. Op Windows kun je een terminal-emulator gebruiken zoals Git voor Windows.

   Git voor Windows: https://git-scm.com/downloads
   Download de draagbare versie en dubbelklik om te installeren. Wanneer je klaar bent, open je de map `PortableGit` en dubbelklik je om `git-bash.exe` uit te voeren.

2. Typ de volgende opdracht, waarbij je `username` vervangt door je gebruikersnaam (bijv. `root`) en `server-ip` door het IP-adres of de hostnaam van je server:

```
ssh username@server-ip
```

3. Als dit de eerste keer is dat je verbinding maakt met de server, wordt je mogelijk gevraagd om de SSH-sleutelvingerafdruk van de server te accepteren. Typ "yes" en druk op enter om door te gaan.

4. Als je een wachtwoord gebruikt om in te loggen, wordt je gevraagd uw wachtwoord in te voeren. Typ je wachtwoord en druk op enter.

5. Als dit de eerste keer is dat je verbinding maakt met de server en je wordt gevraagd het root-wachtwoord te wijzigen, voer dan een sterk en veilig nieuw wachtwoord in. Anders sla je deze stap over. Voor de beveiliging van je server is het cruciaal dat je een sterk en veilig root-wachtwoord kiest.

6. Zodra je bent geauthenticeerd, wordt je via SSH aangemeld bij de server.

7. Je kunt nu opdrachten via de terminal op de server uitvoeren.

8. Om de verbinding met de server te verbreken, kun je eenvoudigweg de opdracht `exit` intypen en daarna kun je op enter drukken.

3.2 Werk de server bij

Nadat je verbinding hebt gemaakt met de server via SSH, kunt je deze updaten door de volgende opdrachten uit te voeren en opnieuw op te starten. Dit is optioneel, maar aanbevolen.

```
sudo apt update && sudo apt -y upgrade
sudo reboot
```

Volgens de aanbevolen beveiligingspraktijken voor Linux-servers moet e het besturingssysteem van je server regelmatig bijwerken om het up-to-date te houden met de nieuwste beveiligingspatches en updates.

3.3 WireGuard installeren

GitHub: https://github.com/hwdsl2/wireguard-install

Maak eerst verbinding met je server via SSH.

Download het WireGuard-installatiescript:

```
wget https://get.vpnsetup.net/wg -O wg.sh
```

Optie 1: WireGuard automatisch installeren met behulp van de standaardopties.

```
sudo bash wg.sh --auto
```

Voor servers met een externe firewall (bijv. Amazon EC2) open je UDP-poort 51820 voor de VPN.

Voorbeelduitvoer:

```
$ sudo bash wg.sh --auto

WireGuard Script
https://github.com/hwdsl2/wireguard-install

Starting WireGuard setup using default options.

Server IP: 192.0.2.1
```

```
Port: UDP/51820
Client name: client
Client DNS: Google Public DNS

Installing WireGuard, please wait...
+ apt-get -yqq update
+ apt-get -yqq install wireguard qrencode
+ systemctl enable --now wg-iptables.service
+ systemctl enable --now wg-quick@wg0.service

 ---------------------------------
| QR-code voor clientconfiguratie |
 ---------------------------------
↑ That is a QR code containing the client configuration.

Finished!

The client configuration is available in: /root/client.conf
New clients can be added by running this script again.
```

Na de installatie kun je het script opnieuw uitvoeren om gebruikers te beheren of WireGuard te verwijderen. Zie hoofdstuk 5 voor meer details.

Volgende stappen: Zorg dat je computer of apparaat de VPN gebruikt. Zie:

4.2 WireGuard VPN-clients configureren

Geniet van je eigen VPN!

Optie 2: Interactieve installatie met behulp van aangepaste opties.

```
sudo bash wg.sh
```

Je kunt de volgende opties aanpassen: DNS-naam van de VPN-server, UDP-poort, DNS-server voor VPN-clients en naam van de eerste client.

Voorbeeldstappen (vervang door je eigen waarden):

Let op: Deze opties kunnen veranderen in nieuwere versies van het script. Lees deze aandachtig door voordat je de gewenste optie selecteert.

```
$ sudo bash wg.sh

Welcome to this WireGuard server installer!
GitHub: https://github.com/hwdsl2/wireguard-install

I need to ask you a few questions before starting setup. You can use the default options and just press enter if you are OK with them.
```

Voer de DNS-naam van de VPN-server in:

```
Do you want WireGuard VPN clients to connect to this server using a DNS name, e.g. vpn.example.com, instead of its IP address? [y/N] y

Enter the DNS name of this VPN server: vpn.example.com
```

Selecteer een UDP-poort voor WireGuard:

```
Which port should WireGuard listen to?
Port [51820]:
```

Geef een naam op voor de eerste klant:

```
Enter a name for the first client:
Name [client]:
```

Selecteer DNS-server(s):

```
Select a DNS server for the client:
   1) Current system resolvers
   2) Google Public DNS
   3) Cloudflare DNS
   4) OpenDNS
   5) Quad9
   6) AdGuard DNS
   7) Custom
DNS server [2]:
```

Bevestig en start de installatie van WireGuard:

```
WireGuard installation is ready to begin.
Do you want to continue? [Y/n]
```

Geavanceerde gebruikers kunnen WireGuard ook automatisch installeren met aangepaste opties. Voor meer details, voer het volgende uit:

```
sudo bash wg.sh -h
```

Na de installatie kun je het script opnieuw uitvoeren om gebruikers te beheren of WireGuard te verwijderen. Zie hoofdstuk 5 voor meer details.

Volgende stappen: Zorg dat je computer of apparaat de VPN gebruikt. Zie:

4.2 WireGuard VPN-clients configureren

Geniet van je eigen VPN!

3.4 OpenVPN installeren

GitHub: https://github.com/hwdsl2/openvpn-install

Maak eerst verbinding met je server via SSH.

Download het OpenVPN-installatiescript:

```
wget https://get.vpnsetup.net/ovpn -O ovpn.sh
```

Optie 1: OpenVPN automatisch installeren met behulp van de standaardopties.

```
sudo bash ovpn.sh --auto
```

Voor servers met een externe firewall (bijv. Amazon EC2) open je UDP-poort 1194 voor de VPN.

Voorbeelduitvoer:

```
$ sudo bash ovpn.sh --auto

OpenVPN Script
https://github.com/hwdsl2/openvpn-install

Starting OpenVPN setup using default options.

Server IP: 192.0.2.1
Port: UDP/1194
```

```
Client name: client
Client DNS: Google Public DNS

Installing OpenVPN, please wait...
+ apt-get -yqq update
+ apt-get -yqq --no-install-recommends install \
  openvpn
+ apt-get -yqq install openssl ca-certificates
+ ./easyrsa --batch init-pki
+ ./easyrsa --batch build-ca nopass
+ ./easyrsa --batch --days=3650 build-server-full \
  server nopass
+ ./easyrsa --batch --days=3650 build-client-full \
  client nopass
+ ./easyrsa --batch --days=3650 gen-crl
+ openvpn --genkey --secret \
  /etc/openvpn/server/tc.key
+ systemctl enable --now openvpn-iptables.service
+ systemctl enable --now \
  openvpn-server@server.service

Finished!

The client configuration is available in:
/root/client.ovpn
New clients can be added by running this script
again.
```

Na de installatie kun je het script opnieuw uitvoeren om gebruikers te beheren of OpenVPN te verwijderen. Zie hoofdstuk 5 voor meer details.

Volgende stappen: Zorg dat je computer of apparaat de VPN gebruikt. Zie:

4.3 OpenVPN-clients configureren

Geniet van je eigen VPN!

Optie 2: Interactieve installatie met behulp van aangepaste opties.

```
sudo bash ovpn.sh
```

Je kunt de volgende opties aanpassen: DNS-naam van de VPN-server, protocol (TCP/UDP) en poort, DNS-server voor VPN-clients en naam van de eerste client.

Voorbeeldstappen (vervang door je eigen waarden):

Let op: Deze opties kunnen veranderen in nieuwere versies van het script. Lees deze aandachtig door voordat je de gewenste optie selecteert.

```
$ sudo bash ovpn.sh

Welcome to this OpenVPN server installer!
GitHub: https://github.com/hwdsl2/openvpn-install

I need to ask you a few questions before starting setup. You can use the default options and just press enter if you are OK with them.
```

Voer de DNS-naam van de VPN-server in:

```
Do you want OpenVPN clients to connect to this server using a DNS name, e.g. vpn.example.com, instead of its IP address? [y/N] y

Enter the DNS name of this VPN server:
vpn.example.com
```

Selecteer protocol en poort voor OpenVPN:

```
Which protocol should OpenVPN use?
   1) UDP (recommended)
   2) TCP
Protocol [1]:

Which port should OpenVPN listen to?
Port [1194]:
```

Selecteer DNS-server(s):

```
Select a DNS server for the clients:
   1) Current system resolvers
   2) Google Public DNS
   3) Cloudflare DNS
   4) OpenDNS
   5) Quad9
   6) AdGuard DNS
   7) Custom
DNS server [2]:
```

Geef een naam op voor de eerste klant:

```
Enter a name for the first client:
Name [client]:
```

Bevestig en start de OpenVPN-installatie:

```
OpenVPN installation is ready to begin.
Do you want to continue? [Y/n]
```

Geavanceerde gebruikers kunnen OpenVPN ook automatisch installeren met aangepaste opties. Voor meer details, voer uit:

```
sudo bash ovpn.sh -h
```

Na de installatie kun je het script opnieuw uitvoeren om gebruikers te beheren of OpenVPN te verwijderen. Zie hoofdstuk 5 voor meer details.

Volgende stappen: Zorg dat je computer of apparaat de VPN gebruikt. Zie:

4.3 OpenVPN-clients configureren

Geniet van je eigen VPN!

3.5 IPsec VPN installeren met IKEv2

GitHub: https://github.com/hwdsl2/setup-ipsec-vpn

Maak eerst verbinding met je server via SSH.

Download het IPsec VPN-installatiescript:

```
wget https://get.vpnsetup.net -O vpn.sh
```

Optie 1: Automatische installatie met behulp van standaardopties.

```
sudo sh vpn.sh
```

Voor servers met een externe firewall (bijv. Amazon EC2) opent u UDP-poorten 500 en 4500 voor de VPN.

Voorbeelduitvoer:

```
$ sudo sh vpn.sh

... ... (uitvoer weggelaten)
================================================

IPsec VPN server is now ready for use!
```

```
Connect to your new VPN with these details:

Server IP: 192.0.2.1
IPsec PSK: [Je IPsec PSK]
Username: vpnuser
Password: [Je VPN-wachtwoord]

Write these down. You'll need them to connect!

VPN client setup: https://vpnsetup.net/clients

================================================

================================================

IKEv2 setup successful. Details for IKEv2 mode:

VPN server address: 192.0.2.1
VPN client name: vpnclient

Client configuration is available at:
/root/vpnclient.p12 (for Windows & Linux)
/root/vpnclient.sswan (for Android)
/root/vpnclient.mobileconfig (for iOS & macOS)

Next steps: Configure IKEv2 clients. See:
https://vpnsetup.net/clients

================================================
```

Na de installatie kunt u `sudo ikev2.sh` uitvoeren om IKEv2-clients te beheren. Zie hoofdstuk 5 voor meer details.

Volgende stappen: Zorg dat je computer of apparaat de VPN gebruikt. Zie:

4.4 IKEv2 VPN-clients configureren

Geniet van je eigen VPN!

Optie 2: Interactieve installatie met behulp van aangepaste opties.

```
sudo VPN_SKIP_IKEV2=yes sh vpn.sh
sudo ikev2.sh
```

Je kunt de volgende opties aanpassen: DNS-naam van de VPN-server, naam en geldigheidsperiode van de eerste client, DNS-server voor VPN-clients en of de clientconfiguratie bestanden met een wachtwoord moeten worden beveiligd.

Voorbeeldstappen (vervang door je eigen waarden):

Let op: Deze opties kunnen veranderen in nieuwere versies van het script. Lees deze aandachtig door voordat je de gewenste optie selecteert.

```
$ sudo VPN_SKIP_IKEV2=yes sh vpn.sh
... ... (uitvoer weggelaten)

$ sudo ikev2.sh

Welcome! Use this script to set up IKEv2 on your VPN server.

I need to ask you a few questions before starting setup. You can use the default options and just press enter if you are OK with them.
```

Voer de DNS-naam van de VPN-server in:

```
Do you want IKEv2 clients to connect to this server
using a DNS name, e.g. vpn.example.com, instead of
its IP address? [y/N] y

Enter the DNS name of this VPN server:
vpn.example.com
```

Voer de naam en geldigheidsperiode in voor de eerste klant:

```
Provide a name for the IKEv2 client.
Use one word only, no special characters except '-'
and '_'.
Client name: [vpnclient]

Specify the validity period (in months) for this
client certificate.
Enter an integer between 1 and 120: [120]
```

Geef aangepaste DNS-server(s) op:

```
By default, clients are set to use Google Public DNS
when the VPN is active.
Do you want to specify custom DNS servers for IKEv2?
[y/N] y

Enter primary DNS server: 1.1.1.1
Enter secondary DNS server (Enter to skip): 1.0.0.1
```

Selecteer of u de clientconfiguratie bestanden met een wachtwoord wilt beveiligen:

```
IKEv2 client config files contain the client
certificate, private key and CA certificate. This
script can optionally generate a random password to
```

```
protect these files.

Protect client config files using a password? [y/N]
```

Controleer en bevestig de instellingsopties:

```
We are ready to set up IKEv2 now.
Below are the setup options you selected.

==================================

Server address: vpn.example.com
Client name: vpnclient

Client cert valid for: 120 months
MOBIKE support: Not available
Protect client config: No
DNS server(s): 1.1.1.1 1.0.0.1

==================================

Do you want to continue? [Y/n]
```

Na de installatie kunt u `sudo ikev2.sh` uitvoeren om IKEv2-clients te beheren. Zie hoofdstuk 5 voor meer details.

Volgende stappen: Zorg dat je computer of apparaat de VPN gebruikt. Zie:

4.4 IKEv2 VPN-clients configureren

Geniet van je eigen VPN!

3.6 Verwijder de VPN

Als je WireGuard, OpenVPN en/of IPsec VPN van de server wilt verwijderen, volg dan deze stappen.

Waarschuwing: Alle VPN-configuraties worden **permanent verwijderd**. Dit **kan niet ongedaan worden gemaakt**!

Maak eerst verbinding met je server via SSH.

Om WireGuard te verwijderen, voer uit:

```
sudo bash wg.sh
```

De volgende opties worden weergegeven:

```
WireGuard is already installed.

Select an option:
  1) Add a new client
  2) List existing clients
  3) Remove an existing client
  4) Show QR code for a client
  5) Remove WireGuard
  6) Exit
```

Selecteer optie 5 uit het menu door 5 te typen en op enter te drukken. Bevestig dan de verwijdering van WireGuard.

Let op: Deze opties kunnen veranderen in nieuwere versies van het script. Lees deze aandachtig door voordat je de gewenste optie selecteert.

Om OpenVPN te verwijderen, voer uit:

```
sudo bash ovpn.sh
```

De volgende opties worden weergegeven:

```
OpenVPN is already installed.

Select an option:
 1) Add a new client
 2) Export config for an existing client
 3) List existing clients
 4) Revoke an existing client
 5) Remove OpenVPN
 6) Exit
```

Selecteer optie 5 uit het menu door 5 te typen en op enter te drukken. Bevestig dan de verwijdering van OpenVPN.

Om IPsec VPN te verwijderen, download en voer het hulpprogramma uit:

```
wget https://get.vpnsetup.net/unst -O unst.sh
sudo bash unst.sh
```

Bevestig het verwijderen van de IPsec VPN wanneer u daarom wordt gevraagd.

4 VPN-clients configureren

In dit hoofdstuk leer je hoe je clientconfiguratie bestanden van de VPN-server naar je lokale computer kunt overbrengen en hoe je WireGuard-, OpenVPN- en IKEv2 VPN-clients kunt configureren op Windows, macOS, Android en iOS.

4.1 Bestanden overbrengen van de server

Bij het configureren van VPN-clients moet je mogelijk clientconfiguratiebestand(en) veilig overbrengen van de server naar je lokale computer. Een manier om dit te doen is door de opdracht `scp` te gebruiken. Voorbeeldstappen:

1. Open de terminal op je computer. Op Windows kun je een terminal-emulator gebruiken zoals Git voor Windows.

   Git voor Windows: https://git-scm.com/downloads
   Download de draagbare versie en dubbelklik om te installeren. Wanneer je klaar bent, open je de map `PortableGit` en dubbelklik je om `git-bash.exe` uit te voeren.

2. Typ de volgende opdracht, waarbij je `username` vervangt door je SSH-gebruikersnaam (bijv. `root`), `server-ip` door het IP-adres of de hostnaam van je server, `/path/to/file` door het pad naar het bestand op de server en `/local/folder` door de lokale map waar je het bestand wilt opslaan.

   ```
   scp username@server-ip:/path/to/file /local/folder
   ```

3. Als je het bijvoorbeeld wilt authenticeren als `root` en `/root/client.conf` wilt overbrengen van de server met IP-adres `192.0.2.1` naar de huidige werkmap op de lokale computer:

```
scp root@192.0.2.1:/root/client.conf ./
```

   Let op: Als je Git voor Windows gebruikt, verwijst de lokale map `/` doorgaans naar de installatie map, bijv. `PortableGit`.

4. Als je een wachtwoord gebruikt om in te loggen, wordt je gevraagd om je wachtwoord in te voeren. Typ je wachtwoord in en druk op enter.

5. Het bestand wordt vervolgens vanaf de server overgebracht en opgeslagen in de lokale map die je hebt opgegeven.

4.2 WireGuard VPN-clients configureren

WireGuard VPN-clients zijn beschikbaar voor Windows, macOS, iOS en Android:
https://www.wireguard.com/install/

Om een VPN-verbinding toe te voegen, open je de WireGuard-app op je mobiele apparaat, en druk je op de knop 'Toevoegen' en scan je vervolgens de gegenereerde QR-code in de scriptuitvoer. Voor Windows en macOS moet je eerst het gegenereerde `.conf`-bestand veilig overbrengen naar je computer, open je vervolgens WireGuard en importeer het bestand.

Om WireGuard VPN-clients te beheren, voer je het installatiescript opnieuw uit: `sudo bash wg.sh`. Zie hoofdstuk 5 voor meer details.

- Platformen
  - Windows
  - macOS
  - Android
  - iOS (iPhone/iPad)

WireGuard VPN-clients:
https://www.wireguard.com/install/

4.2.1 Windows

1. Veilig overbrengen het gegenereerde `.conf`-bestand naar je computer.
2. Installeer en start de **WireGuard** VPN-client.
3. Klik op **Import tunnel(s) from file**.
4. Blader naar het bestand `.conf`, selecteer het en klik op **Openen**.
5. Klik op **Activate**.

4.2.2 macOS

1. Breng het gegenereerde `.conf`-bestand veilig over naar je computer.
2. Installeer en start de **WireGuard**-app vanuit de **App Store**.
3. Klik op **Import tunnel(s) from file**.
4. Blader naar het bestand `.conf`, selecteer het en klik op **Import**.
5. Klik op **Activate**.

4.2.3 Android

1. Installeer en start de **WireGuard**-app via **Google Play**.
2. Druk op de knop "+" en tik vervolgens op **Scan van QR code**.
3. Scan de gegenereerde QR-code in de uitvoer van het VPN-script.
4. Voer een gewenste naam in voor de **Tunnelnaam**.
5. Tik op **Tunnel maken**.
6. Schuif de schakelaar naar AAN voor het nieuwe VPN-profiel.

4.2.4 iOS (iPhone/iPad)

1. Installeer en start de **WireGuard**-app vanuit de **App Store**.
2. Druk op **Add a tunnel** en tik vervolgens op **Create from QR code**.
3. Scan de gegenereerde QR-code in de uitvoer van het VPN-script.
4. Voer een naam voor de tunnel in.
5. Druk op **Save**.
6. Schuif de schakelaar naar AAN voor het nieuwe VPN-profiel.

4.3 OpenVPN-clients configureren

OpenVPN-clients (https://openvpn.net/vpn-client/) zijn beschikbaar voor Windows, macOS, iOS en Android. MacOS-gebruikers kunnen ook Tunnelblick (https://tunnelblick.net) gebruiken.

Om een VPN-verbinding toe te voegen, dien je eerst het gegenereerde `.ovpn`-bestand veilig overbrengen naar je apparaat, open vervolgens de OpenVPN-app en importeer het VPN-profiel.

Om OpenVPN-clients te beheren, voer je het installatiescript opnieuw uit: `sudo bash ovpn.sh`. Zie hoofdstuk 5 voor meer details.

- Platformen
  - Windows
  - macOS
  - Android
  - iOS (iPhone/iPad)

OpenVPN-clients: https://openvpn.net/vpn-client/

4.3.1 Windows

1. Veilig overbrengen het gegenereerde `.ovpn`-bestand naar uw computer.
2. Installeer en start de **OpenVPN Connect** VPN-client.
3. Klik op het scherm **Get connected** op het tabblad **Upload file**.
4. Sleep het bestand `.ovpn` naar het venster of blader naar het bestand `.ovpn` en selecteer het. Klik vervolgens op **Openen**.
5. Klik op **Connect**.

4.3.2 macOS

1. Breng het gegenereerde `.ovpn`-bestand veilig over naar je computer.

2. Installeer en start Tunnelblick (https://tunnelblick.net).
3. Klik op het welkomstscherm op **Ik heb configuratiebestanden**.
4. Klik op het scherm **Een configuratie toevoegen** op **OK**.
5. Klik op het Tunnelblick-pictogram in de menubalk en selecteer vervolgens **VPN Details**.
6. Sleep het bestand `.ovpn` naar het venster **Configuraties** (linkerdeelvenster).
7. Volg de instructies op het scherm om het OpenVPN-profiel te installeren.
8. Klik op **Verbinden**.

4.3.3 Android

1. Breng het gegenereerde `.ovpn`-bestand veilig over naar uw Android-apparaat.
2. Installeer en start **OpenVPN Connect** via **Google Play**.
3. Tik op het scherm **Get connected** op het tabblad **Upload file**.
4. Tik op **Browse** en blader vervolgens naar het bestand `.ovpn` en selecteer het.

   Let op: Om het `.ovpn`-bestand te vinden, tik je op de menuknop met drie lijntjes en blader je vervolgens naar de locatie waar je het bestand hebt opgeslagen.
5. Tik op het scherm **Imported Profile** op **Connect**.

4.3.4 iOS (iPhone/iPad)

Installeer en start eerst **OpenVPN Connect** vanuit de **App Store**. Verplaats vervolgens het gegenereerde `.ovpn`-bestand veilig naar je iOS-apparaat. Om het bestand te verplaatsen, kun je het volgende uitvoeren:

1. AirDrop het bestand en open het met OpenVPN, of
2. Upload het bestand naar je apparaat (OpenVPN App-map) met behulp van Bestandsdeling (https://support.apple.com/nl-nl/119585), start vervolgens de OpenVPN Connect-app en druk op het tabblad **File**.

Wanneer je klaar bent, druk je op **Add** om het VPN-profiel te importeren en druk je vervolgens op **Connect**.

Om de instellingen voor de OpenVPN Connect-app aan te passen, druk je op de menuknop met drie lijntjes en daarna op **Settings**.

4.4 IKEv2 VPN-clients configureren

IKEv2 wordt native ondersteund door Windows, macOS, iOS en Chrome OS. Er hoeft geen extra software te worden geïnstalleerd. Android-gebruikers kunnen de gratis strongSwan VPN-client gebruiken.

Om IKEv2-clients te beheren, voert je `sudo ikev2.sh` uit op je server. Zie hoofdstuk 5 voor meer details.

- Platformen
  - Windows
  - macOS
  - Android
  - iOS (iPhone/iPad)
  - Chrome OS (Chromebook)

4.4.1 Windows

4.4.1.1 Automatisch de configuratie importeren

Screencast: Automatisch IKEv2-configuratie importeren op Windows
Bekijk op YouTube: https://youtu.be/H8-S35OgoeE

Gebruikers van Windows 8, 10 en 11+ kunnen automatisch de IKEv2-configuratie importeren:

1. Veilig overbrengen het gegenereerde `.p12`-bestand naar je computer.
2. Download ikev2_config_import.cmd (https://github.com/hwdsl2/vpn-extras/releases/latest/wnload/ikev2_config_import.cmd) en sla dit helperscript op in **dezelfde map** als het bestand `.p12`.
3. Klik met de rechtermuisknop op het opgeslagen script, selecteer **Eigenschappen**. Klik onderaan op **Blokkering opheffen** en klik vervolgens op **OK**.
4. Klik met de rechtermuisknop op het opgeslagen script, selecteer **Als administrator uitvoeren** en volg de aanwijzingen.

Om verbinding te maken met de VPN: Klik op het draadloos/netwerkpictogram in het systeemvak, selecteer de nieuwe VPN-invoer en klik vervolgens op **Verbinden**. Zodra je verbinding hebt, kun je controleren of je verkeer correct wordt gerouteerd door je IP-adres op te zoeken op Google. Er zou moeten staan: "Je openbare IP-adres is `Je VPN-server-IP`".

4.4.1.2 Handmatig configuratie importeren

Screencast: Handmatig IKEv2-configuratie importeren op Windows
Bekijk op YouTube: https://youtu.be/-CDnvh58EJM

Als alternatief kunnen gebruikers van Windows 8, 10 en 11+ de IKEv2-configuratie handmatig importeren:

1. Breng het gegenereerde `.p12`-bestand veilig over naar uw computer en importeer het vervolgens in het certificaatarchief. Als u het bestand `.p12` wilt importeren, voert u het volgende uit vanaf een opdrachtprompt met verhoogde bevoegdheid:

   ```
   # Importeer .p12 bestand (vervang door
   # uw eigen waarde)
   certutil -f -importpfx \
     "\path\to\your\file.p12" NoExport
   ```

   Let op: Druk bij de wachtwoordprompt op enter om door te gaan.

2. Voeg op de Windows-computer een nieuwe IKEv2 VPN-verbinding toe. Voer het volgende uit vanaf een opdrachtprompt:

   ```
   # Maak VPN-verbinding (vervang het serveradres
   # door uw eigen waarde)
   powershell -command ^"Add-VpnConnection ^
     -ServerAddress 'Je VPN-server-IP' ^
     -Name 'My IKEv2 VPN' -TunnelType IKEv2 ^
     -AuthenticationMethod MachineCertificate ^
     -EncryptionLevel Required -PassThru^"
   ```

```
# IPsec-configuratie instellen
powershell -command ^
  ^"Set-VpnConnectionIPsecConfiguration ^
  -ConnectionName 'My IKEv2 VPN' ^
  -AuthenticationTransformConstants GCMAES128 ^
  -CipherTransformConstants GCMAES128 ^
  -EncryptionMethod AES256 ^
  -IntegrityCheckMethod SHA256 -PfsGroup None ^
  -DHGroup Group14 -PassThru -Force^"
```

Om verbinding te maken met de VPN: Klik op het draadloos/netwerkpictogram in het systeemvak, selecteer de nieuwe VPN-invoer en klik vervolgens op **Verbinden**. Zodra je verbinding hebt, kun je controleren of je verkeer correct wordt gerouteerd door je IP-adres op te zoeken op Google. Er zou moeten staan: "Je openbare IP-adres is `Je VPN-server-IP`".

4.4.1.3 Verwijder de VPN-verbinding

Met de volgende stappen kunt u de VPN-verbinding verwijderen en de computer herstellen naar de status voordat u de IKEv2-configuratie importeert.

1. Ga naar Windows Instellingen -> Netwerk en internet -> VPN en verwijder de toegevoegde VPN-verbinding.

2. (Optioneel) Verwijder IKEv2-certificaten.

    1. Druk op Win+R en voer `certlm.msc` in, of zoek naar `certlm.msc` in het menu Start. Open `Certificaten - Lokale computer`.

2. Ga naar `Persoonlijk -> Certificaten` en verwijder het IKEv2-clientcertificaat. De naam van het certificaat is hetzelfde als de IKEv2-clientnaam die u hebt genegeerd (standaard: `vpnclient`). Het certificaat wordt uitgegeven door `IKEv2 VPN CA`.

3. Ga naar `Vertrouwde basiscertificeringsinstanties -> Certificaten` en verwijder het IKEv2 VPN CA-certificaat. Het certificaat wordt uitgegeven aan `IKEv2 VPN CA` door `IKEv2 VPN CA`. Controleer voordat u het certificaat openbaar maakt of er geen andere certificaten zijn uitgegeven door `IKEv2 VPN CA` in `Persoonlijk -> Certificaten`.

4.4.2 macOS

Screencast: IKEv2-configuratie importeren en verbinden op macOS
Bekijk op YouTube: https://youtu.be/E2IZMUtR7kU

Breng eerst het gegenereerde `.mobileconfig`-bestand veilig over naar je Mac, dubbelklik erop en volg de aanwijzingen om deze te importeren als een macOS-profiel. Als je Mac macOS Big Sur of nieuwer draait, open je de Systeemvoorkeuren en ga je naar het gedeelte Profielen om het importeren te voltooien. Voor macOS Ventura en nieuwer, open je Systeeminstellingen en zoek naar Profielen. Controleer wanneer je klaar bent of "IKEv2 VPN" wordt vermeld onder Systeeminstellingen -> Profielen.

Om verbinding te maken met het VPN:

1. Open Systeeminstellingen en ga naar het gedeelte Netwerk.
2. Selecteer de VPN-verbinding met `Je VPN-server-IP`.
3. Vink het vakje **Toon VPN-status in menubalk** aan. Voor macOS Ventura en nieuwer kan deze instelling worden geconfigureerd in Systeeminstellingen -> Bedieningspaneel -> Alleen menubalk.
4. Klik op **Verbinden** of schuif de VPN-schakelaar naar AAN.

(Optionele functie) Schakel **Verbind op aanvraag** in om automatisch een VPN-verbinding te starten wanneer je Mac verbonden is met de wifi. Om dit in te schakelen, vink je het selectievakje **Verbind op aanvraag** voor de VPN-verbinding aan en sla je de wijzigingen op. Om deze instelling op macOS Ventura en nieuwer te vinden, klik op het pictogram 'i' rechts van de VPN-verbinding.

Zodra je verbinding hebt, kun je controleren of het verkeer correct wordt gerouteerd door je IP-adres op te zoeken op Google. Er zou moeten staan: "Je openbare IP-adres is `Je VPN-server-IP`".

Om de VPN-verbinding te verwijderen, opent u Systeeminstellingen -> Profielen en verwijdert u het IKEv2 VPN-profiel dat u hebt toegevoegd.

4.4.3 Android

4.4.3.1 Maak verbinding via de strongSwan VPN-client

Screencast: Maak verbinding via Android strongSwan VPN client
Bekijk op YouTube: https://youtu.be/i6j1N_7cI-w

Android-gebruikers kunnen verbinding maken via de strongSwan VPN-client (aanbevolen).

1. Breng het gegenereerde `.sswan`-bestand veilig over naar je Android-apparaat.
2. Installeer strongSwan VPN client via **Google Play**.
3. Start de strongSwan VPN client.
4. Druk op het menu 'meer opties' rechtsboven en tik vervolgens op **Import VPN profile**.
5. Kies het `.sswan`-bestand dat je van de VPN-server hebt overgedragen.
   Let op: Om het bestand `.sswan` te vinden, druk je op de menuknop met drie lijntjes en blader je naar de locatie waar u het bestand hebt opgeslagen.
6. Druk op het scherm 'Import VPN profile' op **Import certificate from VPN profile** en volg de aanwijzingen.
7. Selecteer op het scherm 'Certificaat kiezen' het nieuwe clientcertificaat en druk vervolgens op **Selecteren**.
8. Druk op **Import**.
9. Druk op het nieuwe VPN-profiel om verbinding te maken.

(Optionele functie) Je kunt ervoor kiezen om de functie "Always-on VPN" op Android in te schakelen. Start de app **Instellingen**, ga naar Netwerk en internet -> Geavanceerd -

> VPN, klik op het tandwielpictogram rechts van "strongSwan VPN Client" en schakel vervolgens de opties **Always-on VPN** en **Verbindingen zonder VPN blokkeren** in.

Zodra je verbinding hebt, kun je controleren of het verkeer correct wordt gerouteerd door je IP-adres op te zoeken op Google. Er zou moeten staan: "Je openbare IP-adres is `Je VPN-server-IP`".

4.4.3.2 Maak verbinding via de native IKEv2-client

Screencast: Maak verbinding via de native VPN-client op Android 11+
Bekijk op YouTube: https://youtu.be/Cai6k4GgkEE

Gebruikers van Android 11 en hoger kunnen ook verbinding maken via de native IKEv2-client.

1. Breng het gegenereerde `.p12`-bestand veilig over naar je Android-apparaat.
2. Start de app **Instellingen**.
3. Ga naar Beveiliging -> Versleuteling en gegevens.
4. Tik op **Certificaat installeren**.
5. Tik op **VPN- en app-gebruikerscertificaat**.
6. Kies het `.p12`-bestand dat je van de VPN-server hebt overgezet.
   Let op: Om het `.p12`-bestand te vinden, tik je op de menuknop met drie streepjes en blader je naar de locatie waar je het bestand hebt opgeslagen.
7. Voer een naam in voor het certificaat en tik op **OK**.
8. Ga naar Instellingen -> Netwerk en internet -> VPN en tik op de knop "+".
9. Voer een naam in voor het VPN-profiel.

10. Selecteer **IKEv2/IPSec RSA** in het dropdownmenu **Type**.
11. Voer `Je VPN-server-IP` in bij **Serveradres**.
12. Voer een gewenste waarde in voor de **IPSec-ID**.
    Let op: Dit veld is niet verplicht. Het is een bug in Android.
13. Selecteer het certificaat dat u hebt geïmporteerd in het dropdownmenu **IPSec-gebruikerscertificaat**.
14. Selecteer het certificaat dat u hebt geïmporteerd in het dropdownmenu **CA-certificaat voor IPSec**.
15. Selecteer **(ontvangen van server)** in het dropdownmenu **IPSec-servercertificaat**.
16. Tik op **Opslaan**. Tik vervolgens op de nieuwe VPN-verbinding en tik op **Verbinden**.

Zodra je verbinding hebt, kun je controleren of het verkeer correct wordt gerouteerd door je IP-adres op te zoeken op Google. Er zou moeten staan: "Je openbare IP-adres is `Je VPN-server-IP`".

4.4.4 iOS (iPhone/iPad)

Screencast: IKEv2-configuratie importeren en verbinden op iOS (iPhone en iPad)
Bekijk op YouTube:
https://youtube.com/shorts/Y5HuX7jk_Kc

Breng eerst het gegenereerde `.mobileconfig`-bestand veilig over naar je iOS-apparaat en importeer deze vervolgens als een iOS-profiel. Om het bestand over te brengen, kun je het volgende gebruiken:

1. AirDrop, of

2. Upload het naar je apparaat (elke App-map) met behulp van Bestandsdeling (https://support.apple.com/nl-nl/119585), open vervolgens de "Bestanden"-app op je iOS-apparaat, verplaats het geüploade bestand naar de map "Op mijn iPhone". Tik daarna op het bestand en ga naar de "Instellingen"-app om te importeren, of
3. Host het bestand op een beveiligde website, download en importeer het in Mobile Safari.

Wanneer je klaar bent, controleer je of 'IKEv2 VPN' wordt vermeld onder Instellingen -> Algemeen -> VPN- en apparaatbeheer of Profiel(en).

Om verbinding te maken met het VPN:

1. Ga naar Instellingen -> VPN. Selecteer de VPN-verbinding met `Je VPN-server-IP`.
2. Schuif de schakelaar **VPN** naar AAN.

(Optionele functie) Schakel **Verbind op aanvraag** in om automatisch een VPN-verbinding te starten wanneer je iOS-apparaat is verbonden met de wifi. Druk op het "i"-pictogram rechts van de VPN-verbinding om dit in te schakelen en schakel **Verbind op aanvraag** in.

Zodra je verbinding hebt, kun je controleren of je verkeer correct wordt gerouteerd door je IP-adres op te zoeken op Google. Er zou moeten staan: "Je openbare IP-adres is `Je VPN-server-IP`".

Om de VPN-verbinding te verwijderen, opent u Instellingen -> Algemeen -> VPN- en apparaatbeheer of Profiel(en) en toegevoegd u het IKEv2 VPN-profiel dat u hebt toegevoegd.

4.4.5 Chrome OS (Chromebook)

Exporteer eerst het CA-certificaat op uw VPN-server als `ca.cer`:

```
sudo certutil -L -d sql:/etc/ipsec.d \
  -n "IKEv2 VPN CA" -a -o ca.cer
```

Breng de gegenereerde `.p12`- en `ca.cer`-bestanden veilig over naar je Chrome OS-apparaat.

Gebruikers- en CA-certificaten installeren:

1. Open een nieuw tabblad in Google Chrome.
2. Typ in de adresbalk: **chrome://settings/certificates**
3. **(Belangrijk)** Klik op **Importeren en binden**, niet op **Importeren**.
4. Kies in het geopende venster het bestand `.p12` dat je van de VPN-server hebt overgebracht en selecteer **Openen**.
5. Klik op **OK** als het certificaat geen wachtwoord heeft. Voer anders het wachtwoord van het certificaat in.
6. Klik op het tabblad **Certificeringsinstanties**. Klik vervolgens op **Importeren**.
7. Selecteer in het geopende venster **Alle bestanden** in het vervolgkeuzemenu linksonder.
8. Kies het bestand `ca.cer` dat je van de VPN-server hebt overgedragen en selecteer **Openen**.
9. Behoud de standaardopties en klik op **OK**.

Een nieuwe VPN-verbinding toevoegen:

1. Ga naar Instellingen -> Netwerk.
2. Klik op **Verbinding toevoegen** en klik vervolgens op **Ingebouwde VPN toevoegen**.

3. Voer een gewenste naam in voor de **Servicenaam**.
4. Selecteer **IPsec (IKEv2)** in het vervolgkeuzemenu **Type provider**.
5. Voer `Je VPN-server-IP` in als **Hostnaam van server**.
6. Selecteer **Gebruikerscertificaat** in het vervolgkeuzemenu **Verificatietype**.
7. Selecteer **IKEv2 VPN CA [IKEv2 VPN CA]** in het vervolgkeuzemenu **CA-certificaat van server**.
8. Selecteer **IKEv2 VPN CA [clientnaam]** in het vervolgkeuzemenu **Gebruikerscertificaat**.
9. Laat de overige velden leeg.
10. Schakel **Identiteit en wachtwoord opslaan** in.
11. Klik op **Verbinding maken**.

(Optionele functie) Je kunt ervoor kiezen om de functie "Always-on VPN" in Chrome OS in te schakelen. Om deze instelling te beheren, ga je naar Instellingen -> Netwerk en klik je op **VPN**.

Zodra je verbinding hebt gemaakt, zie je een VPN-pictogram op het netwerkstatuspictogram. Je kunt controleren of het verkeer correct wordt gerouteerd door je IP-adres op te zoeken op Google. Er zou moeten staan: "Je openbare IP-adres is `Je VPN-server-IP`".

5 VPN-clients beheren

Nadat je de VPN-server hebt ingesteld, kun je WireGuard-, OpenVPN- en IKEv2 VPN-clients beheren door de instructies in dit hoofdstuk te volgen.

Je kunt bijvoorbeeld nieuwe VPN-clients toevoegen aan de server voor extra computers en mobiele apparaten, een lijst maken van bestaande VPN-clients of de configuratie van een bestaande client exporteren.

5.1 Beheer WireGuard VPN-clients

Om WireGuard VPN-clients te beheren, maak je eerst verbinding met je server via SSH (zie Hoofdstuk 3) en voer je vervolgens het volgende uit:

```
sudo bash wg.sh
```

De volgende opties worden weergegeven:

```
WireGuard is already installed.

Select an option:
  1) Add a new client
  2) List existing clients
  3) Remove an existing client
  4) Show QR code for a client
  5) Remove WireGuard
  6) Exit
```

Daarna kun je de gewenste optie invoeren om WireGuard VPN-client(s) toe te voegen, weer te geven of te verwijderen.

Let op: Deze opties kunnen veranderen in nieuwere versies van het script. Lees deze aandachtig door voordat je de gewenste optie selecteert.

Je kunt ook `wg.sh` uitvoeren met opdrachtregelopties. Zie hieronder voor details.

5.1.1 Voeg een nieuwe klant toe

Om een nieuwe WireGuard VPN-client toe te voegen:

1. Selecteer optie 1 uit het menu door 1 te typen en op enter te drukken.
2. Geef een naam op voor de nieuwe klant.
3. Selecteer een DNS-server voor de nieuwe client, die gebruikt zal worden tijdens de verbinding met de VPN.

Je kunt ook `wg.sh` uitvoeren met de optie `--addclient`. Gebruik optie `-h` om het gebruik te tonen.

```
sudo bash wg.sh --addclient [clientnaam]
```

Volgende stappen: WireGuard VPN-clients configureren. Zie Hoofdstuk 4, sectie 4.2 voor meer details.

5.1.2 Bestaande klanten vermelden

Selecteer optie 2 uit het menu door 2 te typen en op enter te drukken. Het script zal dan een lijst met bestaande WireGuard VPN-clients weergeven.

Je kunt ook `wg.sh` uitvoeren met de optie `--listclients`.

```
sudo bash wg.sh --listclients
```

5.1.3 Een client verwijderen

Om een bestaande WireGuard VPN-client te verwijderen:

1. Selecteer optie 3 uit het menu door 3 te typen en op enter te drukken.
2. Selecteer in de lijst met bestaande klanten de klant die je zou willen verwijderen.
3. Bevestig het verwijderen van de client.

Je kunt ook `wg.sh` uitvoeren met de optie `--removeclient`.

```
sudo bash wg.sh --removeclient [clientnaam]
```

5.1.4 QR-code voor een klant weergeven

Om de QR-code voor een bestaande klant te tonen:

1. Selecteer optie 4 uit het menu door 4 te typen en op enter te drukken.
2. Selecteer in de lijst met bestaande klanten de klant waarvan je de QR-code zou willen weergeven.

Je kunt ook `wg.sh` uitvoeren met de optie `--showclientqr`.

```
sudo bash wg.sh --showclientqr [clientnaam]
```

Je kunt QR-codes gebruiken om Android- en iOS WireGuard VPN-clients te configureren. Zie Hoofdstuk 4, sectie 4.2 voor meer details.

5.2 OpenVPN-clients beheren

Om OpenVPN-clients te beheren, maak je eerst verbinding met je server via SSH (zie Hoofdstuk 3) en voer je vervolgens het volgende uit:

```
sudo bash ovpn.sh
```

De volgende opties worden weergegeven:

```
OpenVPN is already installed.

Select an option:
  1) Add a new client
  2) Export config for an existing client
  3) List existing clients
  4) Revoke an existing client
  5) Remove OpenVPN
  6) Exit
```

Vervolgens kun je de gewenste optie invoeren om OpenVPN-client(s) toe te voegen, te exporteren, weer te geven of in te trekken.

Let op: Deze opties kunnen veranderen in nieuwere versies van het script. Lees deze aandachtig door voordat je de gewenste optie selecteert.

Je kunt ook `ovpn.sh` uitvoeren met opdrachtregelopties. Zie hieronder voor details.

5.2.1 Voeg een nieuwe klant toe

Om een nieuwe OpenVPN-client toe te voegen:

1. Selecteer optie 1 uit het menu door 1 te typen en op enter te drukken.
2. Voer voor de nieuwe klant een naam in.

Je kunt ook `ovpn.sh` uitvoeren met de optie `--addclient`. Gebruik optie `-h` om het gebruik te tonen.

```
sudo bash ovpn.sh --addclient [clientnaam]
```

Volgende stappen: OpenVPN-clients configureren. Zie Hoofdstuk 4, sectie 4.3 voor meer details.

5.2.2 Exporteer een bestaande client

Om de OpenVPN-configuratie voor een bestaande client te exporteren:

1. Selecteer optie 2 uit het menu door 2 te typen en op enter te drukken.
2. Selecteer in de lijst met bestaande klanten de klant die je zou willen exporteren.

Je kunt ook `ovpn.sh` uitvoeren met de optie `--exportclient`.

```
sudo bash ovpn.sh --exportclient [clientnaam]
```

5.2.3 Bestaande klanten vermelden

Selecteer optie 3 uit het menu, door 3 te typen en op enter te drukken. Het script zal dan een lijst met bestaande OpenVPN-clients weergeven.

Je kunt ook `ovpn.sh` uitvoeren met de optie `--listclients`.

```
sudo bash ovpn.sh --listclients
```

5.2.4 Een klant intrekken

In bepaalde omstandigheden kan het nodig zijn om een eerder gegenereerd OpenVPN-clientcertificaat in te trekken.

1. Selecteer optie 4 uit het menu door 4 te typen en op enter te drukken.
2. Selecteer in de lijst met bestaande klanten de klant die je wilt intrekken.
3. Bevestig de intrekking van de klant.

Je kunt ook `ovpn.sh` uitvoeren met de optie `--revokeclient`.

```
sudo bash ovpn.sh --revokeclient [clientnaam]
```

5.3 IKEv2 VPN-clients beheren

Om IKEv2 VPN-clients te beheren, maak je eerst verbinding met je server via SSH (zie Hoofdstuk 3) en voer je vervolgens het volgende uit:

```
sudo ikev2.sh
```

De volgende opties worden weergegeven:

```
IKEv2 is already set up on this server.

Select an option:
  1) Add a new client
  2) Export config for an existing client
  3) List existing clients
  4) Revoke an existing client
  5) Delete an existing client
  6) Remove IKEv2
  7) Exit
```

Vervolgens kun je de gewenste optie voor het beheren van IKEv2-clients invoeren.

Let op: Deze opties kunnen veranderen in nieuwere versies van het script. Lees deze aandachtig door voordat je de gewenste optie selecteert.

Je kunt ook `ikev2.sh` uitvoeren met opdrachtregelopties. Zie hieronder voor details.

5.3.1 Voeg een nieuwe klant toe

Om een nieuwe IKEv2-client toe te voegen:

1. Selecteer optie 1 uit het menu door 1 te typen en op enter te drukken.
2. Geef een naam op voor de nieuwe klant.
3. Geef de geldigheidsperiode voor het nieuwe clientcertificaat op.

Je kunt ook `ikev2.sh` uitvoeren met de optie `--addclient`. Gebruik optie `-h` om het gebruik te tonen.

```
sudo ikev2.sh --addclient [clientnaam]
```

Volgende stappen: IKEv2 VPN-clients configureren. Zie Hoofdstuk 4, sectie 4.4 voor meer details.

5.3.2 Exporteer een bestaande client

Om de IKEv2-configuratie voor een bestaande client te exporteren:

1. Selecteer optie 2 uit het menu door 2 te typen en op enter te drukken.

2. Voer in de lijst met bestaande klanten de naam in van de klant die je wilt exporteren.

Je kunt ook `ikev2.sh` uitvoeren met de optie `--exportclient`.

```
sudo ikev2.sh --exportclient [clientnaam]
```

5.3.3 Bestaande klanten vermelden

Selecteer optie 3 uit het menu door 3 te typen en op enter te drukken. Het script zal dan een lijst met bestaande IKEv2-clients weergeven.

Je kunt ook `ikev2.sh` uitvoeren met de optie `--listclients`.

```
sudo ikev2.sh --listclients
```

5.3.4 Een klant intrekken

In bepaalde omstandigheden kan het nodig zijn om een eerder gegenereerd IKEv2-clientcertificaat in te trekken.

1. Selecteer optie 4 uit het menu door 4 te typen en op enter te drukken.
2. Voer in de lijst met bestaande klanten de naam in van de klant die je zou willen intrekken.
3. Bevestig de intrekking van de klant.

Je kunt ook `ikev2.sh` uitvoeren met de optie `--revokeclient`.

```
sudo ikev2.sh --revokeclient [clientnaam]
```

5.3.5 Een klant verwijderen

Om een bestaande IKEv2-client te verwijderen:

1. Selecteer optie 5 uit het menu door 5 te typen en op enter te drukken.
2. Voer in de lijst met bestaande klanten de naam in van de klant die je zou willen verwijderen.
3. Bevestig het verwijderen van de client.

Je kunt ook `ikev2.sh` uitvoeren met de optie `--deleteclient`.

```
sudo ikev2.sh --deleteclient [clientnaam]
```

Over de auteur

Lin Song, PhD, is een software-engineer en open source-ontwikkelaar. Hij heeft de Setup IPsec VPN-projecten op GitHub gemaakt en onderhoudt deze sinds 2014, waarmee je in slechts een paar minuten je eigen VPN-server kunt maken. De projecten hebben meer dan 20.000 GitHub-sterren en meer dan 30 miljoen Docker-pulls, en hebben miljoenen gebruikers geholpen hun eigen VPN-servers te maken.

Maak contact met Lin Song
GitHub: https://github.com/hwdsl2
LinkedIn: https://www.linkedin.com/in/linsongui

Bedankt voor het lezen! Ik hoop dat je het beste uit dit boek haalt. Als dit boek nuttig voor je was, zou ik het erg op prijs stellen als je een beoordeling achterlaat of een korte recensie plaatst.

Bedankt,
Lin Song
Auteur

www.ingramcontent.com/pod-product-compliance
Lightning Source LLC
LaVergne TN
LVHW050951051026
849532LV00005B/1799
* 9 7 9 8 8 6 9 0 9 1 2 3 9 *